COUVERTURE SUPÉRIEURE ET INFÉRIEURE
EN COULEUR

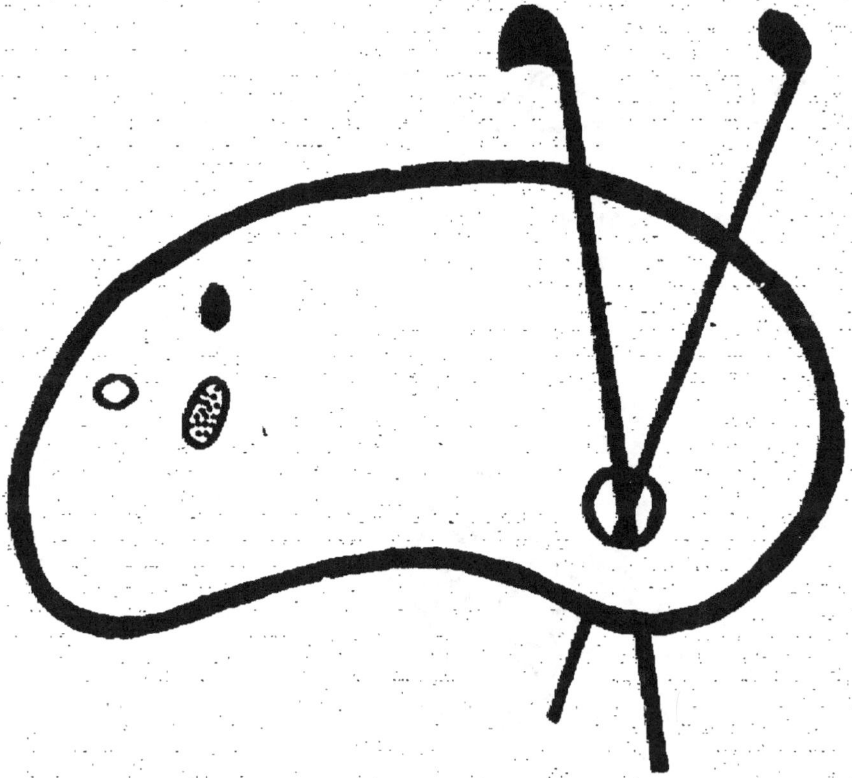

# UN CENTENAIRE

## BIBLIOGRAPHIQUE

*Avec préface par U. Barbier.*

F. DUCLOZ, LIBRAIRE-ÉDITEUR

1891

# UN

# CENTENAIRE

## BIBLIOGRAPHIQUE

*L'ouvrage a été tiré*

*à*

*500 exemplaires numérotés à la machine.*

———

 **Nº** 

# UN
# CENTENAIRE

### BIBLIOGRAPHIQUE

#### 1791-1891

*Avec préface par A. Barbier.*

F. DUCLOZ, LIBRAIRE-ÉDITEUR

MOUTIERS-TARENTAISE

1891

# PRÉFACE

Le Premier Cri de la Savoie vers la Liberté, *par CC** A., Grenadier Patriote, porte cette épigraphe :*

« Quod petis, hic est. »
(Horat. *ad Bulliatium.*)

*A Chambéry, de l'imprimerie Gorrin (L.) imprimeur du Roi et du Sénat,*

*Et se trouve à Paris, au Cabinet bibliographique* [1], *rue de la Monnoie, n° 5, 1791 ; un petit in-10 de 29 pages chiffrées.*

[1] *Ce devait être un cabinet de lecture, à la mode à cette époque.*

ETTE *brochure est devenue extrêmement rare. La réimpression qui en est faite présente un certain intérêt d'actualité, au moment où la Savoie s'apprête à fêter, dans les deux départements, par l'érection d'un monument commémoratif, le centenaire de la première annexion de ce beau pays à la France. Elle offre en même temps une occasion de dire quelques mots de ce petit opuscule, ainsi que des divers auteurs auxquels il a été attribué, renseignements que nous* empruntons à la Bibliographie Savoisienne, *en cours de publication.*

*D'après l'auteur, la Savoie, si peu connue des étrangers est, sous son véritable jour, dans un état affreux de dépérissement. Il y a défaut de commerce, d'argent, de force politique, négligence dans l'agriculture, abrutissement.*

*Les seules ressources des jeunes gens sont : le cloître, l'Église, le barreau, l'état militaire ou l'expatriation qui, à raison de cela, devient toujours plus considérable.*

Leurs princes se sont bien acquis la réputation d'être justes et modérés, mais il n'existe aucun corps pour représenter les besoins de la Savoie, elle en éprouve toutes les conséquences. Ainsi, les places n'y sont occupées que par des Piémontais, ennemis de la Savoie; les réclamations des particuliers ou ne sont point entendues, ou sont étouffées par les agents qui entourent le trône.

Les impôts en sont arbitraires, la police confiée à des majors ou commandants piémontais, dont un ordre peut arracher, au milieu de la nuit, un citoyen de sa demeure, le plonger chargé de chaînes dans un cachot, et souvent lui faire éprouver, au sortir de là, des peines flétrissantes, la bastonnade, etc., etc.

Une critique aussi mordante des actes du gouvernement devait amener, de la part de ce dernier, des mesures de répression contre l'auteur de ce pamphlet, dont on avait d'ailleurs interdit l'entrée en Savoie et dont on recherchait activement l'auteur, que l'on crut avoir trouvé dans la per-

sonne de Charles-Joseph Caffe.
Ce dernier fut condamné à mort
par contumace, pour avoir intro-
duit deux exemplaires du Premier Cri de la Savoie *en Savoie.*
L'arrêt du Sénat portait en
outre qu'il s'était jacté d'en être
l'auteur[1].

Cependant Caffe n'était pas
le véritable auteur du Premier
Cri de la Savoie, *pas plus du*

1 *Le docteur Caffe se plaisait à raconter aux com-
patriotes qui le visitaient à Paris, que la tête de son
père fut mise à prix à 5,000 francs et qu'il répon-
dit, par lettre à la condamnation qui le frappait, qu'il
donnerait 10,000 francs à celui qui lui apporterait
la tête du roi.*

(NOTE DE L'ÉDITEUR)

reste que Chastel (Balthazard-Marie-Michel), auquel Montréal notamment l'attribue, dans son catalogue manuscrit.

La première brochure composée par Chastel, en effet, est le Transport du patriotisme, en mars 1793. C'est lui-même qui le dit dans son Appel au Tribunal de l'Opinion publique, pages 59-62.

Il est donc impossible de lui attribuer le Premier Cri de la Savoie, qui est de 1791, et qui est bien, en réalité, de B. Voiron[1], de Chambéry, qui habitait la France à cette époque, et qui a fait également le Second Cri de la Savoie vers la Liberté, *ou* Correspondance d'un Patriote égaré de Lyon avec un Républicain du Mont-Blanc.

*A Amsterdam, 1795 ; un in-12 de 97 pages chiffrées.*

*Cet ouvrage, très rare, est plein de notes très anciennes sur*

[1] *La note justificative n° 2 de l'Histoire du Général Dessaix, par A. Folliet, indique qu'un pamphlet du temps, signé Desonnaz et intitulé la Toile est levée, s'exprime ainsi :* « Le Premier Cri de la Savoie, *ouvrage fort bien écrit, du citoyen* Voiron... »

divers faits et personnages de la Savoie et, entre autres, sur Favre-Buisson, Gauthier, commissaire délégué en Savoie, etc.

La Bibliothèque (Patria) de l'Académie de Savoie en possède un exemplaire.

B. Voiron, dans plusieurs de ses ouvrages, s'intitule citoyen de Chambéry.

Grillet, dans son Dictionnaire Historique du département du Mont-Blanc, *nous le fait connaître comme un littérateur distingué.*

Son premier ouvrage paraît

*avoir été* le Temple de l'Humanité, *poëme dédié à S. M. Charles-Emmanuel III, roi de Sardaigne,* avec cette épigraphe :

> Hic ames dici pater atque princeps.
> (HORAT. *de II.*)

*Cet ouvrage est ainsi distribué :*

*Avertissement duquel il résulte que l'auteur, se défiant de lui-même, désire avoir l'avis de Voltaire, et lui fait communiquer son poëme par une personne tierce, qui reçut la réponse suivante :*

*Madame,*

*Le vieux malade de Ferney, presque octo-génaire, est aussi surpris que charmé de trouver, dans un aussi jeune homme que M. V..., tant de mérite et tant de talent, etc.*

*L'opinion favorable de Voltaire fut sans doute très agré-able à Voiron qui, en 1774, lui dédia l'Humanité, poëme en six chants en un in-8, de 176 pages chiffrées, et qui commence ainsi :*

*Oracle de nos jours, mon Mécène et mon guide,*
*V... (Voltaire) reçois mon encens*
*De toutes les vertus ma muse encore timide*

> *Ose chanter la plus solide,*
> *Fais sourire Apollon à ses faibles accents*
> *Dans tes nobles bienfaits, c'est elle qui le guide..*

le poëme du Temple de l'Humanité *était distribué en quatre chants, dont le premier commence ainsi :*

> *Je ne célèbre point la vertu meurtrière*
> *De ces guerriers couverts de sang et de poussière,*
> *Qui n'ont pour tout objet que l'horrible valeur*
> *De remplir l'univers de carnage et d'horreur.*

*Le même volume renferme encore :* la Nymphe des Eaux d'Aix en Savoie, *épître à S. A. R. Mgr le Duc de Chablais, et la*

## Mort de Charles-Amé III, *roi de Sardaigne.*

La première de ces poésies, qui ne comptait que quatre pages, commençait ainsi :

Prince en qui les talents, l'esprit et le courage
Pour briller à nos yeux n'ont point attendu l'âge
Qui, comme un autre Eugène,...

## La Mort de Charles-Amé III, qui n'a que trois pages, débute de la manière suivante :

Il n'est plus le guerrier que mille funérailles
Entouraient autrefois, dans l'horreur des batailles,
Ce héros que la mort respecta tant de fois
Ne pouvait s'affranchir... etc.

On voit, par ces quelques

*extraits, le jeune homme d'alors exalté pour son souverain; il ne le fut pas moins plus tard pour la République, dont il fut un des plus chauds apôtres et qu'il défendit dans les différents écrits qu'il publia quelques années plus tard.*

*V. BARBIER*

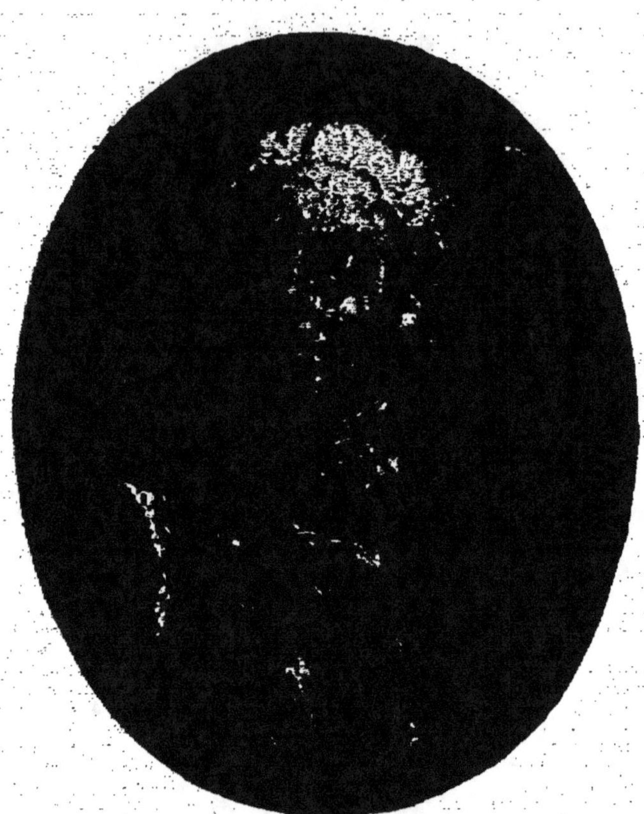



**VICTOR AMÉDÉE III**
*Roi de Sardaigne*

# LE PREMIER CRI

# DE LA·SAVOIE

## *VERS LA LIBERTÉ*

Par CC** A. Grenadier Patriote.

---

Quod petis , hic eſt. HORAT. *ad Bulliatium.*

---

*A CHAMBERY.*

De l'Imprimerie de L. GORRIN, Imprimeur
du Roi & du Sénat.

*Et ſe trouve A PARIS*

Au Cabinet Bibliographique, rue
de la Monnoie N° 5.

M. DCC. XCI.

# LE PREMIER CRI
# DE LA SAVOIE
## *VERS LA LIBERTÉ*

ON NE connoit généralement pas la Savoie. Les émigrations périodiques d'un grand nombre de ſes Habitants, portent quelquefois le Philoſophe à tourner ſes regards sur cette partie intéreſſante des Alpes, qui forme la ligne de démarcation entre la France & l'Italie. Mais ce pays ayant été mal décrit par tous nos Voyageurs & Géographes, l'ami de l'humanité eſt fort peu ſatisfait de ſes obſervations.

L'infertilité & les défavantages du climat
de cette partie de l'ancienne contrée des
Allobroges, font ou ignorés, ou exagérés.
Perfonne n'a bien obfervé les caufes de la
pauvreté de ce Peuple, & fi quelqu'un les
a trouvées, il a craint ou dédaigné de les
révéler.

Ce qu' perfonne ne fit, je l'entreprends :
l'humanité m'y invite, le bonheur de mes
Concitoyens & l'amour inaltérable de ma
Patrie me le commandent.

La pofition topographique de la Savoie,
la nature de fon fol & fes productions ne
comportent peut-être pas ces grands établiffements qui font la richeffe des Etats,
& les élevent fouvent, malgré leur peu
d'étendue, au plus haut degré de fortune

& de grandeur ; cependant elle feroit fuf-
ceptible d'une forte de profpérité, de celle,
par exemple, dont jouit fur un terrein à
peu-près femblable, une grande partie des
Habitants de la Suiffe.

Mais loin d'avoir cette fortune qui convient à fa pofition, la Savoie fe trouve
aujourd'hui dans un état affreux de dépériffement, fans argent, fans commerce, fans
moyens pour en établir ; elle eft comme
enfevelie dans un néant politique. En vain
de temps en temps les efforts de quelques
Particuliers ont voulu lui donner une efpece
d'exiftence ; en vain ils ont effayé d'y établir quelques foibles manufactures ; toujours
gênées par les entraves du Gouvernement,
les unes font tombées dès leur naissance,

& les autres languiffent encore dans une obfcure inaction.

L'Agriculture, qui ne trouve pas dans des villes pauvres & fans activité un affez grand véhicule, y eft très-négligée : les befoins impérieux de la nature excitent feuls les Laboureurs à cultiver péniblement un terrain difficile, qui fournit à peine à leur fubfiftance.

Les bois & les forêts, dont les coupes ne font foumises à aucun régime, éprouvent une dégradation très fenfible. Les montagnes paroiffent entiérement dépouillées ; le prix du bois qui augmente confidérablement chaque année, annonce une difette très-prochaine.

Toutes les branches du commerce, de

l'agriculture & des arts étant dans la situa-
tion la plus défaftreufe, la jeuneffe des
villes & des campagnes ne peut y trouver
aucun moyen de s'y faire un établiffement
pour fubfifter ; elle fe voit donc dans la
néceffité de s'expatrier, ou d'y vivre dans
un malheureux défœuvrement.

Les feules reffources qui lui reftent, font
les Cloîtres, l'Églife, le Barreau & l'État
militaire ; mais quelles reffources! Aucune
d'elles ne fert à la profpérité du pays ;
aucune d'elles ne contribue à vivifier l'Agriculture, toutes au contraire tendent à def-
fécher les branches productives. Ainsi dans
la Savoie, au lieu d'atteliers & de manufactures, propres à la rendre active, l'on
ne voit que des Couvents, des Cafernes,

des Corps-de-gardes & quelques études de Gens d'affaires ; les villes ne paroiſſent peuplées que de Moines, de Soldats, de plaideurs, de déſœuvrés et de mendiants.

Encore ſi toutes les places de l'Adminiſtration étoient remplies par des Habitants du pays, elles pourroient être pour eux des motifs d'émulation ; mais un grand nombre de Commiſſions de Juges dans le Sénat de Savoie, celles des Avocats-généraux, des Intendants, des Gouverneurs & des Commandants ſont ordinairement données à des Piémontois ; il ne reſte aux Savoiſiens que quelques places ſubalternes & très peu lucratives[1].

[1] La commotion françoiſe s'eſt fait reſſentir à Turin. Le Gouvernement vient de nommer enfin des Sujets Savoiſiens à quelques places.

Ce qui prouve combien le décourage-
ment devient général, combien chaque
jour les reſſources diminuent, ce ſont les
émigrations qui ne ſe faiſoient jadis que
des montagnes, & qui maintenant ſe ſont
vivement ſentir dans les villes : auſſi quel
nombre d'émigrans ne trouve-t-on pas
dans toutes les contrées de la France & de
l'Europe, où leur franchiſe, ieur bonne-foi,
leur économie, leur intelligence & les
autres qualités morales qui les caracté-
riſent, les ſont aimer & accueillir dans
toutes les claſſes de la Société ?

Et qui ſont ceux qui quittent leur
Patrie, à laquelle cependant ils ſont tous
attachés ? Ce ſont des Sujets actifs, induſ-
trieux, qui, trouvant toutes les reſſources

épuifées, toutes les places remplies, ne peuvent fe condamner à vivre dans une éternelle & pénible oifiveté. Ainfi la Savoie fe trouve fouvent privée des Sujets les plus inftruits & les plus laborieux.

Mais pourquoi, dira-t-on, n'emploient-ils leurs talents & leur activité dans leur propre Patrie? Eh! que peuvent quelques mouvements particuliers amortis par le Gouvernement, lorfque le mouvement général n'eft pas donné à toute la machine par ceux qui doivent en diriger tous les refforts?

Peut-être, pourra-t-on dire encore, les Habitants de la Savoie ne peuvent-ils faire parvenir leurs réclamations à la Cour de Turin? Leurs Princes qui fe font acquis depuis long-temps la réputation d'être juftes & modérés, ne les prendroient-ils pas dans la plus férieufe confidération, afin de changer le fort d'un Peuple qui de tout temps leur a donné tant de témoignages d'amour et d'affection? Ce font-là fans doute les queftions qui peuvent d'abord fe préfenter; mais ceux qui fauront qu'il n'exifte dans la Savoie aucun Corps qui la repréfente, qui puiffe faire des remontrances ou des réclamations; que le Sénat[1] n'a d'autres fonctions que celles de juger; que les principaux emplois, comme il a été dit, ne font occupés que

[1] Le Gouvernement a ôté fucceffivement à ce Corps toute autre fonction que celle de Juges.

par des Piémontois, ennemis nés de la Savoie, par orgueil & prévention nationale; que les plaintes de quelques Particuliers, ou ne font pas entendues, ou font étouffées par les Agents miniftériels qui environnent le Trône; ceux-là ne feront pas étonnés que l'on n'apporte aucun changement à l'état déplorable de ce pays.

Ce n'est pas cependant fa pauvreté qui le rend le plus malheureux. L'Habitant de la Savoie s'accoutume aifément à toutes les privations du luxe. Des ameublements fomptueux, des palais fuperbes ne font pas néceffaires à fon bonheur; les Scythes étoient heureux au milieu de leurs déferts, en traînant fur leurs charriots leurs maifons errantes; les Suisses le font au milieu de

leurs montagnes. La liberté fuffit pour
embellir les plus fimples demeures ; mais
la Savoie eft tout-à-la-fois pauvre & efclave :
elle eft foumife au Gouvernement le plus
arbitraire qui foit en Europe : les impofitions n'y font réglées que par la volonté
feule du Souverain, ou plutôt des Miniftres,
& le fardeau n'en eft point auffi léger qu'on
a voulu le faire croire. Si l'on confidere
les impofitions de la Savoie, relativement
à la foibleffe de fes reffources, à la quotité
de fon numéraire, elles font beaucoup plus
confidérables qu'elles ne l'étoient en France,
même fous l'ancien régime ; & c'eft une
obfervation qui fouvent a été faite sur
les frontieres par les Habitants des deux
Royaumes.

C'eſt peu que la fixation des impôts foit arbitraire, ce n'eſt qu'une violation affez ordinaire du droit de propriété. Il eſt une atteinte bien plus grave & plus directe aux droits de l'humanité & des Citoyens, & qui eſt une ſource continuelle de vexations & d'injuſtices, ce ſont les jugements militaires. La Police, qui ne devroit être confiée qu'à des Magiſtrats civils, y eſt exercée par des Majors & des Commandants Piémontois. Un ordre de leur part peut arracher au milieu de la nuit, ſur le moindre prétexte, un pere, un époux du ſein de ſa famille, & le plonger dans une priſon, chargé de chaines, & ſouvent la peine la plus flétriſſante [1] l'attend au ſortir des

1 Les coups de bâtons.

cachots. Les Commandants font les Juges,
& les Soldats les exécuteurs de cette Juftice
arbitraire [1].

Citoyens de toutes les Nations, vous tous
à qui les droits de l'humanité font connus,
eft-ce donc là, dites-nous, un Gouvernement
dont on puiffe vanter la douceur & la
modération ? Plaignez, plaignez le paifible
Habitant de la Savoie, dont les qualités
fociales feroient dignes d'un meilleur fort.

Cependant de jour en jour le defpotifme
ultramontain s'appefantit avec plus de
rigueur fur cette malheureufe contrée.
L'appareil de la guerre y eft déployé, pour

[1] On en a pour preuve toute récente. le trait
defpotique du Gouverneur de Chambery, arrivé le
30 Décembre 1790. que tous les Journaliftes fe font
empreffés de rendre public.

la préferver, dit-on, de l'épidémie françoife, & l'on rive fes fers à mefure qu'elle
paroit prendre quelque élan vers la liberté.
Eft-ce ainfi que l'on veut faire fon bonheur ?
Peut-on douter que le voifinage d'un Peuple
libre dont elle a toujours aimé & adopté le
langage, les mœurs & les habitudes, ne
lui rendent fon joug encore plus infuppor-
table ?

Après avoir tracé le tableau fidele &
rapide de l'état actuel de la Savoie, entrons
dans quelques détails fur les caufes de fon
dépériffement.

L'une des principales eft l'épuifement du
numéraire, occafionné par les impôts & les
importations.

Les impofitions, dans tous les Etats du

Roi de Sardaigne, pefent également & sans diftinction fur toutes les claffes de Citoyens ; & c'eft fur les terres fur-tout qu'elles font réparties, par le moyen d'un cadaftre général.

Cet ouvrage, s'il n'eût pas été de la part du miniftere une opération purement fifcale, un moyen plus fûr & plus facile d'extraire d'un trait de plume la fubftance du Peuple ; cet ouvrage, dis-je, pouvoit être très-utile à la Savoie, en ce qu'il préfente un tableau très-exact du pays, & qu'il entre dans les plus grands détails fur les limites, la valeur & la fixation des propriétés. Mais cette opération, bonne en foi, eft devenue un inftrument redoutable d'oppreffion entre les mains du defpotifme ; chaque année les

impofitions prennent de nouveaux accroiffements, & de toutes celles qui fe verfent
au Tréfor-Royal à Chambery, le fixieme
seulement eft employé pour les charges
publiques en Savoie ; le refte va s'en-
glout'r au-delà des Alpes pour n'en plus
revenir.

Et comment en reviendroit-il? Il n'exifte
prefqu'aucun commerce entre la Savoie
& le Piémont. Les marchandifes impor-
tées de la premiere de ces Provinces dans
l'autre, font fujettes aux vifites du fifc &
à des droits, comme celles de France
en Savoie; de forte que le Gouvernement
Piémontois paroit oppofer à l'induftrie
Savoifienne la même barriere que la nature
a mife entre les deux Peuples.

Outre les barrieres phyſiques & politiques qui les ſéparent, il en eſt d'autres qui ſont purement morales ; telle eſt la différence de langage, de mœurs & de caractere.

L'Habitant de la Savoie eſt ſenſible, bon, affable aux étrangers ; il tient beaucoup, mais avec plus de ſimplicité, de la franchiſe & de la gaieté Françoiſe.

L'Habitant du Piémont voyage peu, il eſt plein par conſéquent d'une orgueilleuſe prévention pour ſon Pays ; il ne croit pas même qu'il exiſte rien d'égal à lui ; de-là l'eſprit de domination qui le tourmente, & qui n'eſt pas incompatible en lui avec l'eſprit de ſervitude. Il eſt environné de tous les préjugés politiques & religieux, &

joint encore à l'âpreté de caractere qui lui
eſt propre, toute la ſoupleſſe des autres
Peuples d'Italie.

Cette différence ſi marquée de caractere eſt
une des cauſes de la haine qui exiſte entre
les deux Peuples ; haine plus violente peut-
être que celle de deux ennemis ; auſſi ſe for-
me-t-il entr'eux peu d'alliances particulieres,
quoique gouvernés par les mêmes Loix & le
même Souverain, tandis que les Habitants
de la Savoie s'uniſſent principalement avec
ceux du Lyonnois & du Dauphiné, comme
s'ils ne formoient entr'eux qu'un ſeul &
même Peuple. Ainſi la tendance naturelle
de la Savoie paroit être vers la France, &
tout ſemble l'éloigner du Piémont.

Ce qui pourroit rapprocher les deux

Peuples, & ramener en même temps quelque numéraire en Savoie, ce font les
voyages du Roi & de la Famille Royale ;
mais les Savoifiens font même privés de
cette reffource accidentelle & précaire [1] ;
car dans l'efpace de plus de trente ans,
ces fortes de voyages n'ont eu lieu qu'une
feule fois, à l'occafion du mariage du
Prince de Piémont ; d'où l'on peut voir
que les Rois de Sardaigne vifitent affez
rarement le berceau de leur maifon & le
Peuple qui verfa fon fang pour leur agran-
diffement.

L'épuifement du numéraire eft encore

[1] Dans les cas feulement de maladie, les Princes
viennent aux bains d'Aix ; mais ils apportent leurs
denrées même du Piémont.

occafionné par les importations de tous
genres. Les draps & les étoffes en foie
viennent de Lyon ; les épiceries, de Mar-
feille ; les toiles, des différents cantons de
la France, & même de la Suiffe. Il eft
encore beaucoup d'autres objets de commerce que l'on tire de Geneve & de
Grenoble ; mais ils font fuffifamment
connus dans le pays ; je me difpenferai
donc d'entrer dans de plus longs détails.

Une autre cause de l'extraction du numéraire de la Savoie, mais bien moins confidérable que les deux autres, ce font les
études que font obligés de faire à Turin
tous ceux qui veulent prendre leurs grades
en Droit, en Médecine & en Théologie.
Les dépenfes qu'elles exigent, foit pour les

penſions & l'entretien, ſoit pour les theſes
& les différents grades [1], deviennent un
fardeau très-peſant pour ceux qui les sup-
portent, ſur-tout dans un pays où les
fortunes ſont ſi médiocres ; & que rappor-
tent-ils au bout de quelques années pour
l'argent qu'ils laiſſent dans le Piémont ?
quelques cahiers latins qu'ils ne liſent
plus, de mauvais ſonnets italiens que l'on
a fait à leur louange, & souvent des teintes
du caractere Piémontois, toujours plus de
vices, & jamais plus de vertus & de
ſavoir.

[1] On a établi à Chambery une Ecole de Droit ;
mais on a paralyſé cette Ecole dès ſa création même,
en ne comptant le temps qu'on la fréquente que
pour moitié des années pendant leſquelles on étudie
à Turin.

Depuis quelques années on a voulu procurer encore à la Savoie un autre moyen de fe ruiner ; c'eft la Loterie du Séminaire de Turin, établie fur le plan de la Loterie Royale de France. Ce n'eft pas qu'elle y trouve beaucoup de joueurs. Les Savoifiens ne font gueres fufceptibles de fe paffionner pour ces fortes de chances défavantageufes ; cependant l'on fait que l'appât des Loteries réduit prefque toujours la partie du Peuple la plus pauvre.

> Un malheureux qui fe noie,
> S'attache, en périffant, au plus foible rofeau.

Quelles font les reffources qui peuvent faire face à tant de caufes d'épuifement ? La premiere, & fans doute la plus confidérable de toutes, ce font les émigrations annuelles & périodiques des Habitants des montagnes qui paffent en France & dans la Suiffe vers le milieu de l'automne, & reviennent dans leur pays au commencement du printemps, y apportent le peu d'argent qu'ils ont amaffé par leurs travaux et leur économie.

Le chanvre, le vin & un peu de foie peuvent encore être comptés au nombre des reffources de la Savoie, auxquels on peut ajouter le fer & le plomb [1] que l'on tranfporte en France & dans la Suiffe. Mais combien ces reffources font foibles & infuffifantes pour contre-balancer les différentes caufes qui l'épuifent!

[1] Prefque toutes les mines font exploitées par des Moines, la Chartreufe de Haillon s'en fait un gros revenu.

A toutes les caufes de dépériffement de la Savoie, joignons encore l'abandon total qu'elle éprouve de la part du Miniftere, qui n'a avec elle d'autre rapport que celui des finances ; il lui laiffe et entretient même la mifere ; il coupe l'arbre pour prendre le fruit.

Cet abandon a produit dans les Habitants un engourdiffement général qui les empêche de fentir toute l'étendue de leurs maux. Ils vivent, il eft vrai, dans le calme, mais auffi dans une grande apathie fur leur fituation. L'efprit public a fait peu de progrès parmi eux, si ce n'eft parmi les Bourgeois des Villes les plus inftruits, & dans ces derniers temps, où la révolution françoife en a produit une prefque générale dans les idées.

L'éducation qui forme les bons Citoyens & les Sujets utiles à la Patrie, ne contribue pas au rétabliffement de la Savoie. Les études y sont très-négligées ; un peu de latin, la Philofophie & la Théologie fcholaftique en forment toute la bafe, & les Colleges Royaux femblent plutôt en général diriger l'inftruction de la jeuneffe vers les connoiffances religieufes, que vers les connoiffances humaines qui rendent utiles à la fociété; rien n'y excite l'émulation des jeunes gens, & le zele des Profeffeurs, dont les appointements font fi modiques, qu'ils leur fourniffent à peine de quoi vivre.

Auprès de cette parcimonie envers les perfonnes eftimables qui confacrent leur vie à l'inftruction de la jeuneffe, l'on remarque une nuifible profufion envers la Nobleffe de l'armée. Il n'eft pas rare de voir des Officiers encore jeunes, & dans toute la vigueur de l'âge, fe retirer avec de fortes penfions, qu'ils n'ont méritées ni par leurs bleffures, ni par la longueur de leurs fervices. Outre que ces récompenfes prématurées font à charge au Tréfor royal, ou plutôt à l'Etat, elles plongent de bonne heure dans l'inutilité, des hommes qui commençoient à peine à connoître leur métier.

Quel eft donc le but de cette étrange prodigalité ? Le premier, c'eft de ne point retarder dans fa marche la Nobleffe, qui tient aux Miniftres & à la Cour, en éloignant tout ce qui peut fe trouver fur fa route. Le fecond, c'eft d'avoir de tous côtés des créatures & des soutiens du despotisme. Ainsi le système actuel du Gouvernement Piémontois est de faire porter toutes les graces sur le Corps Militaire, & de lui sacrifier tous les autres intérêts de l'Etat ; mais, je le demande au nom de la Patrie, les Rois de Sardaigne peuvent-ils, sans provoquer eux-mêmes leur propre ruine, soutenir les dépenses énormes où s'éleve aujourd'hui l'Etat-Major de l'armée ?

L'on pourroit demander peut-être si l'état malheureux de la Savoie vient de l'ignorance ou de la négligence du Ministere. Non, sans doute, & son fort me paroit d'autant plus déplorable, qu'il est la suite d'une combinaison politique : de tout temps, la Cour de Turin a montré une prédilection mar-

quée pour le Piémont, & porté toutes fes
vues du côté du Milanois, qu'elle a toujours défiré de joindre aux Eta s qu'elle
poffede. La Savoie, placée en-deçà des
Alpes, ouverte de tous les côtés, & fans
places fortifiées, lui a toujours paru comme
fur le point d'en être féparée, ou par les
événements d'une guerre, ou par des
traités, ou par des circonftances imprévues ;
ainfi, l'on croit qu'au lieu de chercher à
l'enrichir par des établiffements utiles, elle
n'a cherché au contraire qu'à l'épuifer ; tel
eft le fentiment qu'infinue clairement J. J.
Rouffeau dans fes Confeffions, Liv. 4e, au
fujet du cadaftre entrepris par le Roi
Victor-Amédée. Se pourroit-il que la politique des Cours fût fi cruelle & fi dan-

gereufe aux Peuples qu'elles gouvernent ?

Mais en quoi confifte, dira-t-on, cette prédilection de la Cour pour le Piémont ? N'eft-il pas autant & même plus chargé d'impôts que la Savoie ? Leur fixation n'y eft-elle pas également arbitraire ? Oui, fans doute, les charges impofées fur le Piémont font fortes, & paffent même pour être onéreufes aux Habitants ; mais c'eft chez eux que font confommés prefque tous les revenus de l'Etat, c'eft leur Capitale qui poffede dans tous les temps le Roi & la Famille Royale ; ils environnent le Trône, ils font au foyer de tous les encouragements, de tous les bienfaits & de toutes les graces.

Peut-être dira-t-on encore, (car nous

devons prévenir toutes les objections) peut-être dira-t-on que le Piémont, étant la portion la plus précieuſe des Etats du Roi de Sardaigne, il mérite auſſi une attention plus particuliere. Sans doute, il convient au Miniſtere de donner au commerce & aux manufactures du Piémont tous les encouragements poſſibles, c'eſt dans cette Province belle & fertile qu'il peut trouver les plus grandes reſſources; mais faut-il pour cela qu'une autre Province, assez conſidérable par elle-même, & capable d'ajouter aux forces de l'Etat, ſoit entiérement négligée, & tombe dans une totale inaction? Croit-on qu'il faudroit paralyſer quelques membres du corps humain, pour donner aux autres plus de vigueur ?

# MOYENS

## DE REMÉDIER AUX MAUX DE LA SAVOIE

LA TROISIEME queſtion que je me ſuis propoſé d'examiner, eſt relative aux moyens que l'on pourroit employer pour remédier aux maux de la Savoie.

On peut conſidérer cette queſtion ſous deux points de vue différents, & dans l'état actuel des choſes, & dans l'ordre des choſes poſſibles.

Quels ſont donc les moyens de reſtauration pour la Savoie, faiſant toujours partie des Etats du Roi de Sardaigne ?

Je propofe d'abord qu'il y foit établi, fous le nom de *Confeil général de la Savoie*, un Corps repréfentatif, compofé des Députés élus librement par le Peuple dans tous les cantons; que ce Corps foit chargé d'examiner les befoins de la Province; de recueillir toutes les plaintes, de les faire connoître à la Cour; de fixer la contribution néceffaire aux établiffements publics; de veiller à la répartition & à la perception des impôts; de propofer enfin des Loix, des Réglements relatifs à l'Adminiftration de la Savoie.

A ces mots, combien vont s'élever contre ces vues, les partifans de l'autorité arbitraire, tous ceux qui tiennent en main quelques bouts des rènes du Gouvernement? & combien les principes que fuppofe un

pareil établiffement font éloignés de ceux
que paroît avoir adopté la Cour de Turin.

Quoi donc! les Princes ne regneront-ils
que lorfqu'ils laifferont à la difpofition de
leurs Miniftres les biens & la liberté de
leurs Sujets? Quels font donc les fruits de
ce malheureux fyftême ? Sans ceffe le
Monarque fe défie de fes Peuples, la
défiance amene la tyrannie, la tyrannie
conduit aux foulevemens & à l'indépen-
dance ?

O Rois, consultez mieux vos véritables
intérêts ; rendez vos Peuples libres, & jamais
vous n'aurez befoin de vous armer contr'-
eux : vos Trônes feront d'autant mieux
affermis, qu'ils auront pour bafe la liberté
& le bonheur. N'êtes-vous pas affez grands

de regner fur des millions d'individus,
jouiffants de tous les droits de l'humanité ?

Quels que foient les principes miniftériels
que l'on oppofe à ces vues fi fimples, fi
naturelles, je ne laifferai pas d'infifter fur
l'établiffement de ce Confeil adminiftratif,
en démontrant fon utilité & même fa néceffité. Son utilité ne peut être incertaine, fi
l'on confidere l'importance des objets fur
lefquels il auroit à délibérer, & qui ne
peuvent être approfondis que dans la
difcuffion & par des inftructions particulieres. Tels font l'amélioration de l'Agriculture, la coupe réguliere des bois, les
digues & conftructions pour contenir dans
leurs lits les torrents & les rivieres; les
encouragements du commerce, l'établiffe-

ment des manufactures néceffaires pour travailler les matieres premieres que fournit la Savoie, la laine, le chanvre & la foie ; l'éducation public, la liberté de la Preffe, &c. Tout eft à faire dans cette malheureufe contrée. Ce Confeil pourroit prendre en confidération la fuppreffion des corvées, qui pefent principalement fur les Habitants de la campagne, que l'on force à travailler gratuitement, tandis qu'ils manquent de pain ; fur-tout il aviferoit aux moyens d'extirper la mendicité, qui prend en Savoie des accroiffements prodigieux, en profitant de l'heureux goût des Savoifiens pour le travail. Il chercheroit à arrêter cette prodigieufe émigration ; ce mal cefferoit, dès que l'Habitant trouveroit à exercer utile-

ment fon induftrie. Tous ces objets, &
beaucoup d'autres dont pourroit s'occuper
cette affemblée, ne manqueroient pas
d'opérer des changements utiles au bien-
être général de la Savoie.

Une telle inftitution donneroit encore à
la Cour de Turin des connoissances toujours
certaines fur l'état de la Province, répandroit l'efprit public parmi les Habitants, &
les tireroit de cette engourdiffement qu'ils
n'ont que dans leur Patrie & fous leur
Gouvernement actuel. Ce n'eft là qu'un
foible apperçu des avantages que l'on peut
en retirer, & qu'on ne peut apprécier que
par l'expérience, & par une infinité de
détails qui pafferoient les bornes que je me
fuis prescrites.

Ce n'eſt pas aſſez de dire que cette inſti-
tution feroit utile; on doit la regarder
comme indiſpenſable, dans l'état de déla-
brement où ſe trouve la Savoie; ce n'eſt
que par une réunion de lumieres qu'elle
peut être régénérée : il faudroit connoître
parfaitement tous ſes beſoins, & le vœu
général ſur les moyens de les faire ceſſer ;
& comment parvenir à ce résultat, ſi ce
n'eſt par le raſſemblement des Députés de
tous les cantons? Dans l'agitation de tous
les eſprits & dans le voiſinage de la
France, ſi l'on ne donne au Peuple quelque
part dans l'adminiſtration de ſes affaires,
n'eſt-il pas à craindre que par une convul-
ſion ſoudaine & dans des conjonctures
fâcheuſe pour le Gouvernement, il ne

cherche à s'en emparer ? Ainsi, l'intérêt de la Savoie & celui du Ministere démontrent également la nécessité d'un Conseil administratif.

D'où vient cette marche combinée du Cabinet de Turin, pour détruire l'existence m me de la capitale de la Savoie ? Pourquoi forcer la jeunesse d'aller étudier dans une ville dont elle ne connoît pas la langue ? Etablissez une Université à Chambery ; cherchez à y retenir & attirer les hommes instruits ? Ministres Italiens, vous ruinez la Savoie par les principes de votre maitre en politique, de Machiavel ; songez aux suites qu'aura infailliblement votre infernale combinaison, elle allumera la rage dans l'âme du paisible Savoisien ; & je vous le prédis, vous serez les premieres victimes.

La prospérité de la Capitale reflueroient bientôt vers toutes les parties de la Province ; elle y retiendroit ses Habitants ; les émigrations cesseroient, & une fois, la Savoie n'iroit pas remplir la France, la Suisse & l'Allemagne du bruit de sa misere & de sa pauvreté ; le Gouvernement lui-même, en acquérant plus de consistance, s'y prépareroit des ressources dont il pourroit se servir au besoin.

L'établissement que je viens de proposer, ne pourroit manquer d'exciter la plus vive émulation dans toutes les classes de la société ; mais il faudroit l'exciter principalement parmi la jeunesse, l'espoir de la Patrie, en tâchant, par tous les moyens, de former des Citoyens, des Sujets capables de remplir toutes les places de l'Adminiftration.

Il faudroit, à cet effet, profcrire dès le commencement des études, cette tendance des Maîtres vers l'Etat Eccléfiaftique ; il faudroit que les Inftituteurs montraffent à la jeuneffe les différentes parties des connaissances humaines, comme des carrières également bonnes pour fe rendre utile à fa Patrie, Il faudroit établir des Ecoles publiques pour l'Art vétérinaire, la Phyfique, la Chirurgie, la Médecine, la Botanique, &c. & transformer le Séminaire que l'on nomme *College Royal de Chambery*, en Univerfité, où pourroient prendre leurs grades, dans toutes les Facultés, les Habitants de Savoie; réuniffez cette foule de Maifons Religieufes; arrêtez les progrès du fanatifme italien, qu'il s'arrête aux bar rières de la Savoie. Ainfi fe répandroit de toute part l'inftruction, en la mettant à la portée des perfonnes qui auroient le moins de fortune; ainfi fouvent fe formeroient des talents diftingués, dont les germes font étouffés, faute d'encouragements ou de moyens qui.puiffent les développer.

C'eft alors feulement que l'on pourroit former des Bibliotheques publiques, des établiffements pour l'avancement de l'Agriculture, du Commerce & des Arts; car fi l'on ne répand pas auparavant du goût & des connoiffances préliminaires; fi l'on ne donne à tous les Citoyens des motifs d'encou-

ragements & d'activité, tout établiffement, toute réforme fera inutile; il faut à
la Savoie un plan général de reftauration.

Paifibles Savoifiens, vous dont les vœux
& l'ambition furent toujours modérés, fi
par un événement dont l'hiftoire ne fournit
aucun exemple, votre Prince, de son propre
mouvement, & fans être follicité par
aucune circonftance particuliere, vous ren-
doit tout-à-coup cette liberté qui vous
convient & qui peut faire encore votre
bonheur; s'il cherche à vous donner des
Repréfentants, à connoître les maux qui
vous obfedent, à vous procurer tous les
moyens de les guérir, à supprimer toutes
les loix qui fentent l'efclavage & le defpo-

tifme, à vous rendre enfin cette vie active qui vous manque; Citoyens, attachez-vous à lui par des liens indiffolubles; que le nom de la Savoie foit à jamais inféparable de celui du Prince & de la Maifon qui la gouvernent.

Si cependant ce projet fublime n'entre point dans le cœur vertueux de votre Monarque, ou plutòt s'il en eft écarté par les confeils qui l'entourent, ne défef-pérez pas encore du falut public. Le temps, les événements & la néceffité changeront fûrement votre fort. La mefure de vos maux paroit comblée, & c'eft toujours au dernier période du malheur, et dans le moment d'une crife violente, qu'un Peuple, quelque abattu qu'il paroiffe, reprend tout-à-coup son courage & son énergie.

S'il arrivoit que l'état des choses vint à changer dans la Savoie, c'est-à-dire, qu'elle ne fît plus partie des Etats du Roi de Sardaigne, quelles seroient toutes les suppositions possibles à faire à cet égard? Quels seroient enfin les changements que pourroient amener les circonstances & le temps? Ou ce Pays pourroit devenir partie intégrante de l'Empire François, ou bien encore se gouverner lui-même, étant allié de la France ou de la Suisse.

Dans ces suppositions, la Savoie n'auroit rien à perdre, elle auroit au contraire tout à gagner. En faisant partie de la France, la Savoie jouiroit de tous les avantages que

l'on doit attendre de la nouvelle Conftitu-
tion de ce grand Royaume ; en fe gouver-
nant elle-même, elle auroit tous ceux que
donne la liberté, & l'on peut aifément fe
faire l'idée de fon bonheur, en contemplant
l'inaltérable tranquillité du Corps Helvé-
tique.

L'état actuel de la Savoie eft donc le
pire de tous ceux qu'on peut lui fuppofer ;
elle ne doit donc point redouter les changements, puifque toute mutation quelcon-
que ne peut tourner qu'à fon avantage.

Si donc, fuivant toutes les probabilités,
l'efprit public vient à s'étendre dans cette
contrée, fi la Savoie parvient à connoître
fa fituation, l'on doit néceffairement
s'attendre à des mouvements, à des infurrec-

tions; & combien ne font-elles pas faciles dans un pays par-tout entrecoupé de montagnes, où les Habitants vivent de peu, & ne font point amollis par le luxe ? Lorfque les Carthaginois voulurent soumettre la Sardaigne, les Habitants fe retirerent dans les montagnes du Nord, d'où l'on ne put les faire fortir. Les Suiffes n'ont-ils pas oppofé leur courage & leurs rochers à toute la puiffance des Empereurs, qui n'ont pu les réduire fous leur joug? Ces maffes énormes placées çà & là fur le globe, femblent être des barrières naturelles que la liberté peut toujours opposer au defpotifme.

Ce ne font que des événements naturels que l'on prévoit, & qui doivent être la fuite néceffaire des circonftances où fe trouve la Savoie.

O toi, Monarque bon & fenfible qui gouverne ma Patrie, Victor-Amédée, en qui cette Province avait mis toute fon affection & toute fon efpérance, fouviens-toi que ces Savoifiens, que les Piémontois que tu écoutes, tyrannifent en ton nom, établirent tes ancêtres dans le Piémont, au prix de leur fang; que le temps viendra où ce bon Peuple, las d'un Gouvernement defpotique, retrouvera l'ancienne valeur des Allobroges, & renverfera tout ce qui s'oppofe à fon bonheur. Préviens les malheurs qui pourroit entraîner parmi ton Peuple une fecouffe trop violente; préviens

ces maux, non par la terreur & par les
armes, mais par un Gouvernement fondé
fur les droits imprefcriptibles de l'humanité ;
donne à l'univers une preuve de la fageffe
qui fut fouvent le partage de tes ancêtres.
Qu'il fe faffe une révolution totale en Savoie,
quelques réformes partielles ne feroient que
des palliatifs dangereux ; mais opere toi-
même un changement que follicitent les
circonftances ; d'autres temps, d'autres loix ;
fonge que la Savoie eft aux portes de la
France, qu'elle parle le même langage ; que
les ouvrages des Ecrivains François qui ne
refpirent plus que patriotifme & liberté, y
font accueillis & lus avec enthoufiafme ;
que l'inquifition qu'on a établie en ton
nom fur l'importation de ces écrits, loin

d'en arrêter le cours, ne fervira qu'à les faire rechercher avec plus d'avidité ; songe que la Savoie ne peu plus fubfifter fous le régime oppreffeur qui la confume ; donne-lui un Confeil qui puiffe la défendre. Charles-Emmanuel l'a affranchie du régime féodale, il feroit digne de toi de la remettre en poffeffion de tous fes droits : tu n'as plus pour une fi grande action qu'à fuivre les mouvements de ton cœur, les confeils de ta raifon, & le vœu d'un Peuple qui ne demande qu'à s'attacher fon ancien Chef. Mais, hélas ! la foule des ennemis de ce Peuple t'affiege, ils te feront entendre des maximes bien oppofées, des principes deftructeurs de la véritable gloire des Rois ; ils te parleront de ton autorité pour ne conſerver que la leur ; ils t'empêcheront d'être toi-même ; ils aſſerviront tes talents à la routine ordinaire des Cours ; & ce ſont tes vertus même qu'ils armeront contre tes Peuples & contre toi !

## FIN

ACHEVÉ D'IMPRIMER

LE 15 DÉCEMBRE 1891

SUR LES PRESSES

DE

FRANÇOIS DUCLOZ

IMPRIMEUR-ÉDITEUR

*Médaille de bronze Paris 1889*

*Médaille de vermeil Albertville 1891*

A

MOUTIERS — TARENTAISE

(SAVOIE)

9 782013 661621